U0148875

後期的作品 創作的時間 一九八二—一九九三

雪泥煙波

潘皓・著

雪泥煙波 目錄

後期的作品

.2.

■卷之二

■卷之三

■ 卷之四

■附錄

序

周伯乃

詩是人類精緻文化的表現，詩人是具有創發性（Productiveness）製作精緻文化的尖兵，憑著他的理智透視物象的表面，由表面深入到本質（Quality），從而營造他不朽的詩章，呈現其內在的精神世界。現代詩人長年遭受冷戰的恐嚇，物質文明的壟斷，和經濟膨脹的壓力，以及那些分崩離析的社會現象，在在都顯示出這個社會的紊亂所帶給人們的不安、恐懼、焦慮與諸多無奈。科學帶來的文明，並沒有給人類多大幸福，反而製造了許多悲劇。如二次大戰時，原子彈帶給日本人毀滅性的爆炸，日本人在我國東北製造的生化物，使人類死於細菌的侵害，以至於現代冷戰年代裡的核子試爆，在在都使人類活在死亡的恐懼裡。

美國心理學家蕭爾曼（Mandel Sherman）亨利（Thomas

R.Henry）曾經在美國維琪尼亞州山區作過一次調查，發現距離「文明」影響力愈遙遠者，個人人格愈穩定，反之，與現代都市生活最接近者，患神經病比率也最高。於是，現代心理學家、精神病學家，和精神分析學家，都在努力研究現代人的人格解組和環境變遷問題。精神分析學家何尼（Karen Horney）在他的「我們這個時代的精神病人格」（The Neurotce Personality of Oar Time）一書中，指出現代社會裡神經病的普遍發生，其主要原因是我們社會的矛盾要求。他說：「在同一個社會，既要個人謙卑，又要個人進取；既要大公無私，又要只顧自己；既要合作，又要競爭；既要信任他人，又要時時戒懼；使得個人左右為難，徬徨歧途，不知何去何從。」（轉述自柯尼格著：「社會學」）

潘皓先生是詩人，又是教授社會工作的學者，他不但對中國傳統詩有深入的研究，而且對現代社會現象，和現代人的人格問題，亦有其獨特的研究和見解。他發現現代人的孤獨、焦慮、不安，與現實社會的諸多醜惡事件與物質文明所加諸於人的約束，有極大的關係。他企圖以現代詩來平衡這些人格的矛盾，解除人類心靈上不安、焦慮和恐懼。他說：「孤獨是他的最愛／迷思乃為其索取靈感一口深沉的井／惟孤獨加迷思之和／始能凌空以泰山之禪定曠觀天下。」（異類）

人若能禪定，若能曠觀天下，自然就能屏除心理上的諸多雜念，而過著悠閒自在的愉快生活。

人最可悲的
是霧煞煞的生活著
生命早就淪為
無目的漸次抽離的過程

——展望

潘皓先生自認「在騷壇」是一個「雅癖者」，「且以靜的／狂熱奔馳於形而上的天空／為探索——詩美學入癡。」一個人若要在詩、在藝術上有所表現，甚至想求

.4.

得一些成就，勢必要對其著迷，以至於入癡。潘皓這些年來，對現代詩的追求、創作，的確有點近於著迷，入癡狀態，他不但苦讀各種詩誌、詩集，自己也瘋狂的寫詩，出版詩集。這是他繼「夢泊斜陽外」、「雲飛處」後的第五本詩集，收集他自一九八二至一九九三年間的作品。按編年史的方式，分為四卷，從而，可以窺出其創作的心路歷程。他曾幻想成為「惟美主義之浪漫憧憬／在夢中的草原上／與一顆藍色的星星／擁抱飛舞。」甚至一邊喝咖啡，一邊看書、或聽聽音樂，這是詩人的夢想生活。譬如：「醉與夢」、「秋思晚唱」、「煙雨垂楊」、「梨山作客」、「戀情」、「春醒」、「恬澹之美」……等等，都是詩人夢幻裡的悠閒生活。然而，活在現代社會裡，有太多的衝擊，有太多的不如意。於是，詩人以嘲弄方式批判這個社會。比如：他在「福爾摩莎的迷惘」中寫著：

放眼台北天空
幾已看不到一絲繽紛雲彩

而神聖的國會殿堂
已成為少數特權階級的秀場
那只知營私的派閥
與鬥狠的黑道之亡命者
無不陷入了
恩怨情仇的淵藪

荒誕的是
在這島上卻有人
竟妄想以兩千萬的蒼生
為籌碼
玩一場豪賭

他赤裸裸地批判了當前國會殿堂的那些醜惡形態，是造成目前社會種種不安的原因。但詩人有太多的無奈，真是欲哭無淚。「於是，我只好／坐在岸邊看海的變幻／

擁抱著／整個一下午／冷夢。」（孤寂）

在「詩人與火種」一詩中，他更嚴正地批判了當前一些異類，想自外於自己的國家、民族，幻想割斷與大陸的臍帶，走向分離主義的不歸路。他說：「可是歷史為／自然與文化的遺產／只要詩人不死／他將會以真理的筆觸而在／詩的版圖上／為此一荒誕留下／見證。」

自古詩人就被視為立法者、政治家，或歷史的見證人，他的詩就是律法、政治議論，或歷史證言。亞里斯多德說：「昔日的詩人讓人物像政治家似地發表議論，今天的詩人則讓人物像修辭學似地講話。」（見其「詩學」第六章）。亞里斯多德同時也指出：詩人的職責不在於描述已經發生的事，而在於描述可能發生的事。他認為歷史學家與詩人最大的不同是前者記述已經發生的事，而後者是描述可能發生的事，因而，詩人在古代亦常常被視為預言家。潘皓先生是社會學家，他關懷他所處的社會，他以社會學家與詩人的視境去透視他周遭的環境，悉心地描寫社會現象，嚴肅地批判社會怪現象。甚至預言一些可能發生的事件。所以，他說：「當不死的詩人／以他的孤憤和熱血向夜空／潑灑出滿天星淚／喚醒由遠古傳承的這不滅的火種／自會燃亮暗室的那盞燈。」類似的詩很多，如：「周末午后的西門町、」、「台北的梅雨季」、「如斯夢魘」等等。尤其是「如斯夢魘」中，更是赤裸裸地批判了現實政治。

權利會使人腐化
貪婪的背後
更衍生了意識型態對立的
內在衝突
將不知怎樣去
抑制或平衡這正反
兩極的矛盾

現實社會是如此的紊亂，政治是如此的混濁，人心是如此不安、焦慮與徬徨。詩人的心靈是敏感的，觀察是入微的，對外在事務的直覺與認知，多少有一些主觀意識，但他處理這些題材時，仍有他必然的理性與感性。德國哲學家里格爾在「美學」一書中說：「藝術作品當然是訴之於感性掌握的。它是訴之於外來的或內部的感覺，訴之於感性的知覺和想像的，正如我們周圍的外在自然，或是我們自己的內在的情感生活訴之於感性知覺和想像那樣。」

潘皓先生的詩，大都是訴之於他對外在世界的感性和想像的創作。他寫景、寫自然、寫風雨，也寫夢，但都蘊涵著詩人的內在理念，表現其對現實的批判，也就是里格爾所謂的：「藝術理想的本質在於使外在的事務還原到具有心靈性的事務，因而使外在的現象符 合心靈，成為心靈的表現。」

潘皓先生除了執著他對現實的批判和一些內在世界的展現外，寫得最多的是對故國的懷思和鄉土的眷戀，他以婉約的語言表達了這一心境。如：「那朵雲」、「秋思晚唱」、「當柳岸濃蔭重現」、「煙雨垂楊」、「錢塘觀潮記」

.9.

、「還鄉印象」、「夢與離愁」：：等等。

詩壇有很多詩人都對他的詩作過個別的剖釋、評論。如王幻、文曉村、王祿松、一信、麥穗及秦嶽等，無論自詩的思想淵源、作品風格，以至詩中隱含的社會性、語言結構、意象創造，都有深入而中肯的評價。我個人認為他的作品有其一貫的思想淵源，那就是對現實社會深層結構的理解與認知，他的苦悶，他的憂慮，都是眼看著他所處的社會的種種變遷與個人解組。「在社會迅速變遷中，產生了各種新觀念和樹立各種新標準，而舊觀念和標準依然存在。這一切使得許多人徬徨無主，為了滿足慾望而遭受挫折，為了不能配合發現自身的情境而絕望。這種人可能變成各種神經病、自殺，或作奸犯科，專走極端，離經叛道，滿腹怨憤等等。」（引自柯尼格（Samuel Koenig）著「社會學」一書第六章第三節，談社會與個人解組）。

他的詩最大特性，是自然音樂性的掌握，他沒有刻意製造音階，或傳統詩的韻律，卻有其音樂性的旋律感，這與他早年苦讀唐詩、宋詞，和音韻學有關。所以，他作品中的詞彙常常會出現傳統詩詞的義蘊豐美的句子。如：「金澄湖畔」中的「柳絲滴翠」、「月滿西樓」、「千江月」、「萬古愁」……等等。

他的詩還有一個特色，就是給人清麗柔情，讀起來像聽悠悠的清泉、潺潺的溪澗之聲。他很少用典，也不會刻意去營造意象，但意象自然形成。有些詩已進入陶淵明的「憂道不憂貧」的境界。也許當今之世與陶淵明所處的魏晉時代，在社會現象與人民的實際生活有些相似之處，故使詩人發出許多內心的感慨。所以他在「金澄湖畔」這首詩中特別強調：「在這兒／還可以擁抱那萬頃波濤／一襟無愧／而享有一種恬靜的豁達／與渾然忘我的境界」。這與陶淵明的「采菊東籬下，悠然見南山」一樣飄逸、瀟灑，以至於忘我之境。

人生若能進入此境，夫復何求。

二〇〇一年九月於中國文化學院

自序

潘皓

❶

詩在文學上，是顆瑰寶，同時，也是反映人類情感活動的一種最精湛的文采。一首好詩，能使人看了心為之動，神為之馳，其功用不可謂之不大。但不知為什麼？政府與社會卻只把它當作點綴品，真的是不可思議的呀！

❷

我從中學時代起，就對新詩產生了濃厚的興趣，甚至陷入如癡的狂熱感。之後由於漂泊身世，苦難情懷，使我的詩多半是以淚或血寫出來的。例如我於一九四九年的八月，流浪時遭遇戰火的波及，曾寫了一首：《窒息的驚恐》，就是描述當時的實際情景：「不知從哪兒／掃射過來的一陣槍聲／我自死亡的人堆裡醒著爬起來／摸黑渡河／心跳在血泊中飛濺……」

這首詩，已納入我《夢泊斜陽外》自選集。其次，是一九八一年的十二月，我寫的那首《雲飛處》，即我第四本自選集採用的書名。在這首詩的第二段，我是這樣寫的：「海上那浪捲的雲／像是我撕裂而尚未寫完／散落的詩稿／隨風飄浮若夢／覆蓋了萬頃黃金谷／卻留下／我一肩鄉愁」。這時，我雖已在台北定居多年，而心靈卻仍像浮雲般的在漂泊著。

像這種顛沛流離的坎坷歲月，我已走了半個世紀，彷彿仍在繼續。如今，似乎又面臨著另一種悲劇情境，即將要爆發，真的是不敢想像。其實，以如斯的告白，是說明我個人自我存在的意識與期待。因此，我又於一九八九年的十 一月，寫了一首《歷史版圖》，這首詩已被收錄在本集，全詩只有十行，如后：「一轉身／便把韶光跌碎在／滾滾煙塵裡／如今我在這唱著美麗悲歌 ／南國的孤島上／縱情於澄藍的碧落／看風雲如何 ／讓這葉飄搖著／歷史版圖／踏向微雨歸程」

這時，我已進入晚年期，然而卻依然為夢而活著；而且還沒有吐露過半句嘆息。所以我最欣賞美國著名的文學批詳家舒渥特茲（Delmore Schwartz）在其《論現代詩的孤絕》一文中，就曾如是的說：「在機械工業日漸猖獗的社會裡，具有創造性的詩人，往往被視為一頭怪物，孤絕而毫無地位可言」。

誠然，他雖是在述說詩人受到社會的冷漠成為孤絕的一群，但這並非起自詩人本身刻意自命不凡，而是因其對物慾社會的墮落有所區隔，不願與之同流合污被物化浸蝕而竭力超脫。所以說，一個詩人，它所要表現的，無非就是這種傲岸的風采。

詩歌，本是訴諸靈魂的文學藝術，也是人類內心世界活動的表現。惟因層次較高，拒絕在現代的經濟社會中充作商品而自我矮化，所以無法擁抱群眾找到他應享有的適當位置；但是，他仍能以個體情感紀錄的形式，

構成社會群體人文惟一的支柱。因此，當我們在批評或吸取中西文化之縱的傳承與橫的移植之後，將怎樣去塑造一種新文化與藝術之美的真實與了悟風格，才是我們所要追求的一個正確思維方向。

關於此層，有項珍貴史料值得參考，那就是一九三0年的七月，泰戈爾（R. tagore）與愛因斯坦（Aibert Einstein）東西兩位大師在德國柏林第一次會晤。當時彼等被形容為：泰戈爾是「擁有思想家頭腦的詩人」，愛因斯坦是「擁有詩人頭腦的思想家」。

泰、愛兩位大師在這次會晤討論的話題，就是美和真實與真理的本質。愛因斯坦首先指出，他懷疑美和真是否獨立存在於人類之外？他說：「如果不再有人類，梵蒂岡貝爾維迪宮的阿波羅雕像就不再美了」。

泰戈爾反對此一前提。他說：「真或真理要透過人方能理解，如果有些真理對人類的心靈不具有感性或理性的關係，這些真理就永遠毫無意義可言」。

第二個月，泰、愛二人又在柏林聚會，這次他們談到西方和印度古典音樂與文化藝術的不同。愛因斯坦說：「就我們對藝術的反應而言，不論是在歐洲或亞洲，總是有相同的不確定性存在；就算您桌上的紅花，看在您我眼裡，或許都不盡相同」。泰戈爾未置可否，但他卻希望站在東西方觀感尋求妥協的立場去找答案，他說：「在東西方和解的過程中，一些見仁見智的個別想法，總會慢慢地向放諸四海而皆準靠攏」。此就人類的共同文化而言，這種發展，已經成為自然的趨勢。

❹

以下，我所要談的，就是我這本自選集所收錄的詩，依序應屬於我「晚期的作品」，惟因數量過多無法容納，故把它分為「後期」與「晚期」兩集出版。本集（即後期），書名為《雪泥煙波》，實即含有漂泊之意。而下一集（即晚期），其命名暫定為《哲思風月》，這更能符合我在此一階段的生活實況。不過這裡所說的風月，僅止於我對大自然景色之美的欣賞，同時我還有個以寫詩為樂的夢，憂由於哲思裡，故曰哲思風月。

❺

本集所收錄的詩作，係自一九八二年起，至一九九三年止，計十二年，每年僅選出其中的六首，以三年彙編為一卷、共四卷七十二首。此外，尚附錄一信和麥穗兩位詩評家的評論。

至於在編輯方面，未作任何屬性的分類，而仍採我以前所出版的各個詩集之慣例，以創作時間的先後之編年史為序排列，這或許能讓讀者藉此了解一首詩的創作及其構成的時空背景之所在。

最後，承詩人兼文藝評論家周伯乃先生，詩人藝術家大蒙（王英生）先生；以及名畫家應公度先生，分別為我系列詩集寫序，或封面設計，與速寫像，在此一併致以最誠摯的謝意！

二〇〇一年九月於台北哲思工作室

雪泥煙波

後期的作品
創作的時間

卷之一
一九八二——一九八四

異類

蓄一臉
布般的大鬍子
滾滾若江流
自雪融的季節之懸崖
沛然而下─
聽天之外風蕭蕭兮
雨蕭蕭兮

不知從何時起
被歸屬現代派異類
終使其孤獨
而沉醉於迷思裡
偶爾雖也曾帶著微笑　匆匆

穿過市街
然而卻忘不掉
將怎樣摘下秋江上的
那朵雲

孤獨是他的最愛
迷思乃為其
索取靈感一口深沉的井
惟孤獨加迷思之和
始能凌空以泰山之禪定曠觀天下
擁抱著飛揚的
神采　昂昂然以馳騁

但有時
當歌詠之不足
則必繼之
以手之舞之足之蹈之

至興罷獨立蒼茫
竟又幻為海岸風景線上
一棵樹
靜靜靜靜地
在那兒看潮起潮落
早也滔滔……
晚也滔滔……

一九八二、三、二五　寫于台北

展望

沸騰的海依然要
捲起千層浪
炫麗的落日猶不忘秀一場
泣血點金之美

人最可悲的
是霧煞煞的生活著
生命早就淪為
無目的漸次抽離的過程

我不願就此枯萎
像天邊那旋踵即逝的彩虹
而要奔向另一——

星球尋找另類的夢
但至少可把我
以急凍人典藏起來
億萬光年後
好扮演最古老的活標本

後記：據報載《急凍人》的科學技術，已經由學理演為事實。這是我老早就作過了的夢，希望在我離開這世界以前，能看到這項突破性的科技研究，及早綻放出一朵奇彩。

一九八二、四、二一　寫于台北

雅癖者

在騷壇
我只是個雅癖者
且以靜的
狂熱奔馳於形而上的天空
為探索—
詩美學入癡

因為這在
詩歌藝術領域裡
已蔚為現象
而我也許就是其中僅止於
比較酷的一類

甚至幻想以

.23.

惟美主義之浪漫憧憬
在夢的草原上
與一顆藍色的星星
擁抱飛舞

聽音樂加
邊喝咖啡邊看書
是我的最愛
尤其每當放浪形骸徜徉於
山之巔
水之涯
看藍空虹之美
或碧海的波瀾壯闊
徜徉無限時
我便成了宇宙的
一粒煙塵

惟美麗島的詩壇
並不是那麼美麗
只期盼在渡過一場大風雪之後
能看到現代詩
從沒有春天的文化
沙漠上
昇起一面旗

一九八二、五、二二　寫于台北

醉與夢

從一汪檸檬黃的
月色晃動中
隱然發現一襲朦朧幻影
在捕捉著
午夜星空螢火

可我沒有醉
他且說
這只不過是夜的光譜
被攪拌在
鏗鏘的樂聲裡
鼓譟

倘留一半清醒
與夢共舞
擁抱風雲際會那一瞬
真的是
有些飄飄然

何不讓他
醉呢
就讓他醉成天邊
彩虹吧

一九八二、七、一二

寫于台北

福爾摩莎的迷惘

一種不確定的危機感
壓抑在這島上近半個世紀之後
被關進找不到出口卻能自由走動的牢籠裡
傍徨而沮喪
孤獨而無助
正煎熬著失望的焦灼以及
杌隉與
不安的疑慮

放眼台北天空
幾已看不到一絲繽紛雲彩
而神聖的國會殿堂
已成為少數特權階級的秀場

那只知營私的派閥
與鬥狠的黑道之亡命者
無不陷入了
恩怨情仇的淵藪

荒誕的是
在這島上卻有人
竟妄想以兩千萬的蒼生
為籌碼
玩一場豪賭

一九八二、八、一八　寫于台北

淚也是一種語言

在凝固了的蒼涼
激動情愁裡
每使靈魂的窗口失去繽紛色彩
惟有這晶瑩的
淚　能獨飲其憂傷

人即來自淚聲
離於淚影
儘管有人欲哭無淚
那只是以另一種方式的啜泣
把激情
放逐於心海

但當內在的煎熬
被煮到沸點
它就會像決了堤的江河一樣
滔滔然奪眶而下

在一個虛偽
狡詐與冷酷的社會中
也惟有這從未
說過謊的淚能擠出
幾滴真情

一九八二、九、二四

寫于台北

孤寂

像一棵獨立於
蒼茫的樹
用手數著那來自
海上的一陣陣糾纏而
悸顫的呼嘯
俄爾有霧湧起
很快的就吃掉了前方一大片色彩
使凝眸再也
找不到那塊平原
於是我只好
坐在岸邊看海的變幻

擁抱著
整個一下午
冷夢

之後晚來的風
為我翻開
昨日尚未讀完的黑格爾辯證哲學
理一理零亂思緒
用來消除原先對孤寂
產生的無奈

一九八三、三、一二　寫於台北

那朵雲

一個浪蕩之子
曾是錢塘江上的山水畫家
其風流倜儻
唐寅亦膛乎其後
所以它常常
藉著藍空的大草原揮灑出
一卷卷的
纏綿悱惻潑墨
有時忌妒李白
邀月對飲
乃飄起翅膀把太湖那罐佳釀

層層覆蓋著
相對化解南唐後主
故國鄉思

可是它的情感
最為脆弱
每當那汪濕透了的鬱悶
被煮到沸點
則立刻哭成江河

一九八三、五、二五　寫于台北

白色的音叉

仍在低低地迴盪著
那晦黯的撩撥
猶如黏在我心靈的一抹
經已發黑的塵霾

回憶這陰森的符咒
是在一個金秋
當艷陽燒焦青空那朵雲
忽演為霹靂驚濤

儘管　窗外的蟬聲
在鼓譟著不歇
卻怎樣也喚不醒我那被

禁錮的錯愕神情

如今霧夜雖已消失
但那抹發黑的
塵霾依然低低地迴盪在那
揮不去的陰影裡

一九八三、六、二七

寫於台北

秋思晚唱

遠天飛錫
自海上踏波而來
越過萬重山
捲入西風裡
蕭蕭地若疏林煙雨
使愛笑的夕陽
怎麼笑也笑不出它那朵
炫麗的酡顏
只有灰濛的秋色
被塗抹在那
半凋未謝的丹楓枝頭

任憑冷霧剝落

此時已是黃昏過後
不知窗前明月
能否為天涯遊子解讀
幾許離愁

一九八三、七、二九

寫于台北

香江午后看板

蔓草寒煙
封鎖了關山崖口
天涯路竟被
切割成兩條背道而馳的滾滾江河
一條向右
一條向左

白了頭的蘆葦
總是在風中竊竊私語
而患有貧血症的
秋之神則帶著成串如落葉的侯鳥族
自北國渡長空而來
一個獨步於崖岸的浪者

徘徊復徘徊
　胡不歸去兮
　胡不歸去兮

然而
當一陣暴雨過後
海風昇起時
棲憩於斜陽外的那窩詭異底雲
終於在椰子樹的影搖下
展開了翅膀
　煽紅一山楓火
　燃亮滿天彩霞

一九八三、九、二0

寫于香港

金門的傍晚

「八二三」
砲聲煮沸的海水
仍在翻滾
紅著臉的落日
只好把它七彩光譜
拋入蒼茫裡
這時金門海上的
風動處 有成群鼓浪的魚兒
試圖乘勢而起
跳出料羅灣硝煙陰影
惟雲根太淺
掀不起壯闊波瀾
幾經騰踏旋即從霧嵐的

最低層
向天邊那片
閃爍著粼光的水湄
逐浪揚波而逝

一九八三、一〇、一六　寫于金門

當柳岸濃蔭重現

面對著流逝了的
悠悠歲月
把歸程描述為
兑不了現的浪漫遐思
而夢卻成了
炫麗陽光的蒼白
當柳岸的濃蔭
重現搖曳群山疊影
於是乃驟然
憶起曩昔那份青年從軍潮的
壯志豪情
為我留下一頁

驕傲

猶記當年長橋一別
十萬雄獅　可謂行色壯山河
如今漂泊蓬島
只有透過海上那已
褪了色的一處歷史窗口
望相關已遠
淚是斯碎自己的
一片雲

一九八四、三、二八　　寫于台北

煙雨垂楊

像濛濛煙雨
封鎖了春醒的小河
從漫漫長堤上
埋首撿水之涯的寂寞
不管晨霧凝重抑或落日惆悵
都牽引著
一片淡淡輕愁
有時因感於太多無奈
曾向藍天
捕捉彩雲翅膀
而遙寄
相思於萍藻

但願春來露華潤
風過情萬種
默默地佇立於翠堤兩岸
俯視瀲灩波光閃爍
儘管燕翦鶯梭還未前來織錦
瀟灑卻依舊
且不時以其纖纖玉手
掠起一頭秀髮
吐漫天纏綿情絲而
把揉碎了的炫麗陽光碎片
注入碧波裡
不讓謝了的春紅
瞬間老去

俄爾有聲瀟瀟
自天外飄來一陣雨
層層籠罩著夢中的秦淮河畔那

濃重的抑鬱
顯然也瘦了幾許
何不就此洗去滿懷塵念
卸下六朝金粉
以如斯多彩而婉約
似真而若幻
能不　令人玩味
唏噓……

一九八四、五、二二　寫於台北

行銷術

這是個包裝時代
風流人物
若不競逐於此
迎面飄過來的那朵雲
會把他淹沒

所以凡投入於
現代社會的競爭者
皆以瀲灩的
波光凸顯其風采
然後透過作秀加以美化與渲染
即令是塊朽木
也能幻為稀世珍寶

最顯著的
就是那兇猛的獅子
總會令人讚嘆
而一群忍辱負重的駱駝
卻沒有掌聲

一九八四、六、一九　寫于台北

死之舞的饗宴

西班牙這冷酷的民族
把鬥牛的死之舞
作為傳統群聚狂歡的文化饗宴
那手持青鋒的
鬥牛士　分明是個
比屠夫還要殘忍的謀殺者
觀眾卻把他
捧為瀟灑的英雄
何其荒誕

悲劇是自黃昏
揭開序幕
死之舞的主角則抖擻閃亮

.51.

如波的步伐
飄然如風的神采
在滿場如雷的掌聲中
獻出他
渾身的解數

而此刻
鬥牛的舞者
只要輕輕的擺動一下
他的紅色披肩
衝刺立即進入高潮
經過了連番的撕殺之後
當一劍刺入
那蠻牛的肩窩時
但聽一陣驚呼把靜止的畫面
瞬即凝為雕塑
乃隨著剎那的永恆

紛紛飄落在
賽維爾那圓形的
舞池裡

一九八四、七、一二　寫于台北

落葉

是爭自由
抑或另有所期許
既選擇漂泊
又為何擁抱著西風
默默啜泣

但有時
卻又飄起了翅膀
趁夕陽轟然醉臥溪谷之際
竟也能演一場
彩霞滿天的搖滾舞

微雨過後

秋則把它許多往事
全都翻了出來
從這一季的末端數落
讓成簇繁花
紛紛自上林枝頭
飛逝：：

一九八四、九、二九　寫于台北

梨山作客

茫茫的霧
模糊了眼前視野
早起的太陽
潑灑金絲線感光網膜

才爬上半山腰
便聽到一串似曾相識的聲音
自那堆滿了笑容的
纍纍果實枝頭飛躍而來

要不要嚐嚐看
剛熟透的水密桃　甜而且可口
帶幾顆回去

請好朋友一起分享

於是像夢幻似的
相見皆曰身是客
回首鄉關遠
席地而坐　道不盡故國情懷……

一九八四、一〇、二二　寫于梨山

雪泥煙波

後期的作品

創作的時間

卷之二

一九八五—一九八七

貓鼻頭傳奇

在南台灣的尾端
亂石崩雲的驚濤裂岸中
一頭口渴如焚
自尖山莽林間跑下的
大黑貓　偷偷地乘星夜無人
蹲在巴士海峽喝水
誰知這一蹲就是三千年
再也未曾離去

一九八五、三、二九　寫于台北

詩人與火種

這火種是
從那被撕裂了崩雲
巉巖中
爆破出來的

因為在這島上
一幕悲劇
正隨著一種不確定性的
危機感上演
而且逐漸發酵乃至
崩潰之際　卻有人試圖切斷與
大陸的臍帶
走向分離主義的

不歸路

可是歷史為
自然與文化的遺產
只要詩人不死
他將會以真理的筆觸而在
詩的版圖上
為此一荒誕留下
見證

但這（並非
我們唯一的期盼）
當不死的詩人
以他的孤憤和熱血向夜空
潑灑出滿天星淚
喚醒由遠古傳承的這
不滅的火種

自會燃亮暗室的
那盞燈

一九八五、五、二0　寫于台北

人體彩繪藝術

這禁忌
老早就解放了
何以如今
仍有人以那麼一點點不太
自然的
訝異的眼神
窺伺

而此刻
惟美主義的藝術家
正秉筆構思
在那位赤裸裸的肉體上
尋找靈感

試圖把她塗成
一束嬌柔而亮麗的
玫瑰

於是他便以
跌宕於夢中的凝眸之筆觸
揮灑出——
現代女性美的
另類風采

一九八五、六、一七　寫于台北

戀情

——當我聽到一串急促的心跳聲

風弄花影瘦
月吻柳絲柔

啊妳那顆跳動的心喲
可別隨蓮塘蛙鼓顫抖

妳愛看朝露滴翠
我醉飲夕陽酩酊

但每當覽盡滿街霓虹喧鬧
卻驀然幻為一團火焰飛騰

花影柳絲依舊
朝露夕陽如初

在這島國花園裡
怎麼有你沒有我

一九八五、七、二0　寫于台北

春醒

想必寒意太凝重
才驚動濤聲
在歷史的長河裡呼喊
冬天到了
春天還會遠嗎

儘管冬以
風雪其雱埋葬了
千山鳥飛絕
但那被禁錮在地下的夢
全都醒了過來

首先點火的

是南窗外的紅梅
風骨枝頭
也展出了它那第一朵
奇之華的景點

當不滅的英靈
迸裂冰封覆蓋孽障
今晨雖有霧
卻湮沒不了早起的熹微
那片耀眼的金波

一九八五、九、一二　寫于台北

恬澹之美

像潑灑琴韻的手指
在我雅癖的心弦上撥弄著
以恬澹之美
譜出了兩袖清風

有時以雲之投影在湖上作畫
有時以泉之奔流在波尖謳歌

有時卻又以
微醺之飄然對藍天喃喃自語
而把古典詩詞攪拌在
超現實主義思潮的洪爐裡燃燒　燃燒……
直至當一切化為

煙塵　化為灰燼
之後　剩下的
只有那樽明月最迷人

情之所由起
境之所自出
惟有恬澹之美的微醺
才是夢的版圖

儘管那——
只是一片幻影

一九八五、一〇、二七　寫于台北

.69.

即令明天就是末日

儘管誰也無法預測
地殼何時會瞬間完全崩塌
可世人都在抱著
遍地垃圾腐臭的屍體
向無奈控訴

而且大氣的臭氧層
已遭到氟氯炭化物破壞
但不知為什麼
為什麼上帝卻依然視若無睹
依然任由那
文明如斯的蹧蹋

難道祂真的
要讓人類的一切
回歸於零
不　祂在暗示
像悲觀主義的哲學家尼采
就曾經
對此詮釋過：
「即令明天就是末日
我也要把
這粒種子埋在
泥土裡」

一九八六、二、十六　寫于台北

放眼處

秋之雨後的雲濤
帶著兩座漂泊的山流浪
峽谷的風則以
潮聲伴隨漁歌晚唱

放眼處依稀有
沉凝的樹帶黃的宣紙
讓淡墨溶開
煙雨飄緲的長天

而此時天涯遊子
想把他的鄉思淚淌成大海
期盼能孕育出

一個風雲際會的夢

然而我也願
有個約會寫一首詩
送給金秋
坐看楓葉酩酊

一九八六、四、一七　寫于台北

另一個太陽

馬祖高登島的海域
今晨下著迷濛
下著絲絲若輕紗的飄忽之茫茫
茫茫如芒草之白
把大地幻為一片渾然
誰知就在這茫與芒
朦朧的晃動中
忽驚見另一個太陽自西方的
海上昇起
紅紅的像團火
竟將天邊的那窩雲
燒成了楓港

當風來蕭蕭
騷動枝頭眾鳥族
大聲呼叫
才喚醒我的錯愕
這時始發現我正站在這海之東
為背後那輪剛爬上
山巔的旭日自水底反射的
投影所誤導

一九八六、六、二七　　寫于馬祖高登島

夢的告白

虛擬的夢存在於美的陶醉
際會的風雲在能掌握
那瞬間翻騰的波浪所取得的超越
把自己推向另一個高潮

但上帝沒有給的
卻不能以撕破臉的去爭
這會惹來星星嘲弄
最後還不是像來時一樣的赤裸
即令不願撒手
也帶不走一片雲彩

如果把夢剝開來看

長久闖蕩於紅塵的險惡
終會迷失於坎坷
當爭來的一切驕傲已幻為一抹
落日的殘芒
還不能咀嚼出那種
老去的況味麼

看　那不可移動的遠天
挽著一條悠長而無限的海岸線
七月第一朵盛開的
野薑花也漸漸地向我靠近
歸去吧　歸去擇一處
遠離塵寰的山之坳或水之涯
搭兩三間仿古茅屋
擁抱林泉同家人或友好樽前細數過往事
談點趣聞説幾句風涼話
把累積的滿懷惆悵一飲而盡

讓身輕像風一般飄逸
化作遨遊無極的閒雲野鶴
趁夕陽猶在
好潑灑漫天彩霞

倘能就此揮揮手
悠然而逝
豈不就是那陶醉於夢中的
存在主義的美感嗎

一九八六、七、一九　寫于台北

觀霧拾穗

紅檜爺爺

大家全都叫我
紅檜爺爺
也許因我生於東漢年間
已逾二千歲
是巨木群第一號
你看　我的身子不是
挺硬朗的嗎

鳥之啾啾

只要深入叢林
便可聽到

吐一口米酒，啾、啾、啾……
這音符竟也
成了觀霧的觀光
景點

活化石

我的名字叫雲葉
終年蕩漾在
這迷濛迷濛的藍空裡
是地球上
古生物的唯一
以管胞延續生命的
活化石

會咬人的小花貓

來此山中
千萬別拈花惹草

因為路邊的
滴翠處隱藏著很多很多
會咬人的小花貓

一九八六、八、二〇　寫于台灣觀霧

週末午後的西門町

週末午後的西門町
總是密密麻麻
匯集著一堵又一堵人潮流動的牆
洶湧的在
電影街的河床裡
流著……

從成都路流向
淡水河畔受阻洄瀾
繞道武昌街
直奔獅子林商場
無一處不是萬頭鑽動
煮沸的千層浪

那一朵朵自
漩流中昇起的小花傘
像是勁爆的斜陽
灑落在紅磚道上的閃爍光點
讓人有一種
擁抱艷麗的感覺

一九八六、一〇、八　寫于台北

萍之族

隨風漂泊
逐水而居
在植物界是屬於藻類的
一群浪漫派的少數

如今萬法喧囂
你卻乘桴浮於一灣
海之國度
以吉普賽人的
自由與自在笑傲江湖
笑傲於
滾滾紅塵外

偶爾你也曾駐足
傾聽林蔭間蟬之嘶嘶
鳥之啾啾
看岸邊情侶們
擁吻後的一種羞澀
漾溢的甜美

玩累了
就找一處水湄住下
這裡既沒有
白色恐怖　也勿須對號入座
惟一夢魘
陷入一灘泥淖

陷入一灘只能
原地打轉
或一種毫無創意的迷思

茫茫天涯路
卻不見微雨歸程

一九八七、三、九

寫于台北

台北的梅雨季

這惱人的季節
總是來自梅子成熟時
而揭幕卻為
患有濃重抑鬱的
晦暗天空

於是街頭風景
被陰霾層層覆蓋著
只有雨神
則以潑墨的筆觸
把台北塗抹成一片半透明的
淒淒然
模糊之迷濛

那連綿的屋頂
收集的雨流過密封的
窗之玻璃
附貼在建築物
大理石的表面或紅磚道上
竟能莫名的
將這大都市蔚為
另類雨港

一九八七、五、二二

寫于台北

如斯夢魘

這世界能夠揭穿
黑幕的只有蝙蝠那個
暗夜裡的痌蟲
如今錢淹沒了腳目
煮沸水泥叢林那滔滔濁浪
把都會燈海
釀成一片冷漠的
淒白月色

窗外的風雨仍在
飄搖著未歇
遙遠處依稀傳來一陣陣
若雷動的喘息

而迷惘的台北天空
總是徘徊在一條無邊際
無邊際——
漫長的涯岸

糟糕的是
權力會使人腐化
貪婪的背後
更衍生了意識形態對立的
內在衝突
將不知怎樣去
抑制或平衡這正反
兩極的矛盾

就在這時刻
一個人文黎明的窗口
也被那一波波

黑金的浪潮所湮沒
於是在一個非理性亦非假設的
直覺滿足之認定
乃造成這島國為魔鬼
服務的夢魘

一九八七、七、一九　寫于台北

說謊的世界

以凜冽剛性的線條
鏤刻一副神聖而不可侵犯的
向南開著的大門
從來就沒有看它笑過

儘管法庭上的
兩造律師
都捧著如山的鐵証滔滔地雄辯著
高懸的明鏡
宛如日月之光華
然而這裡
卻是說謊世界

而法律
原本是道清流
澄澈見底
倘自由心證一旦被曚上一層陰影
則演為渾水
所謂最後的防線
只是說給小老百姓聽的
一句美麗術語

一九八七、八、一六　寫于台北

蝶翼上的淚滴

倩影早經隨風而逝
但不知為什麼
回憶的窗口依然在波蕩
那片撩撥的漣漪
儘管植物園的蓮塘不再那麼美
可每當翠綠的
煙波被晨曦凝眸燃亮
朦朧的花雨
幻為蝶翼上滾動的
淚滴 這時我才有所了悟
隱痛的看著—
她那不捨的表情
從風動處

像串斷了線的
明珠而紛紛地飄落到
水聲裡

一九八七、九、一一　寫于台北

假若我是這隻鳥

從藍空的高原上
看芒草坡那茫茫的莽野
一隻迷途沙鷗
向天之涯飛越
（不停地）
飛越沸騰的海
寧靜的湖
以及隱約的青山與波動之
波動的光影
（正飛向歸程）

假若我是這隻鳥
我也會循著
來時路攀緣那雲的波光
帶些彩霞歸去

一九八七、一〇、一二　寫於台北

雪泥煙波

後期的作品

創作的時間

卷之三

一九八八—一九九〇

山溪林野

是謝了的春紅
跨風而馳
才踏出第一步便掠過
那片蕩漾著
墨綠的浩瀚枝頭

勿須匆匆
也不必再尋尋覓覓
山腰的楓火
已在燃燒酩酊的
二月花

就在這一瞬間

凝眸忽自湖心凌波而上
但見那——
一抹秋色
兩朵江雲
平分了福爾摩莎的
山溪林野

一九八八、七、二九　寫于台北

追尋

從藍空的大草原
到海之浪的島嶼的群峰
一對沙鷗正在
以彩雲的翅膀疊景

像這種以漂泊為樂
無非想掙脫那有限的水之鄉
悠遊於無極
好潑灑漫天飛蓬

若我是海就會沸騰
是鳥就會翱翔
並藉著這搏起的雲濤

展出歷史長卷

只要能踏著月光
自會尋得另一個桃源夢境
徜徉於紅塵外
面向李白邀月對飲

一九八八、八、二三　寫于台北

錢塘觀潮記

江上的奔流
在波動的恆定中飛躍
醒來後的吶喊
想必是從海的最深層爆發出
力的鏗鏘

還沒來得及調整
視野的角度
它卻掀起一波波白色的狂瀾
自天之外滾動著而來
交錯地翻騰在那已被落霞
染紅的一窩雲裡
於是排著隊的浪濤

似有些不奈的
開始向灘頭擁抱著狂吻……
終於以空谷的豁達擂響千年蟄伏鼙鼓
轟轟然如眾星之殞落
幾使整個宇宙都為之搖憾

當多事的落山風
乘勢凌空而降
攪亂這曠世的奇景
之後　而把激起的浪花揉碎
陷入一片蒼茫

一九八八、九、二三　　寫于浙江錢塘

還鄉印象

印象在模糊中顯示
大溪河的長街
被切割成一片零亂的村落
街頭的那座拱橋
也隨著馬路移位消失

然而只有我這個
還鄉的浪子
獨自漫步在你那忐忑不安
皺紋橫阻
與凹凸不平的
胸脯上

從一九四九年離家
像是一場還沒作完的夢
就已匆匆地
流逝了半個世紀
石門山的雲岫吐出的陰霾
和台北的迷惘
一樣灰暗和中國的
命運一樣冷

一九八八、一〇、二三、　還鄉途中

有聲蕭蕭

一首詩潑灑出
一幅水墨
一隻鳥在翻飛成那飄浮的雲
一朵浪花爆成了芒草

（但此刻，忽有聲蕭蕭
想必是自天之外飄來的一陣雨）

倘若當你的凝眸
能搶先一步
捕捉到這訊息音符的秘密
你便會有著那
堆滿了喜悦的衝動

而且將持續地
醞釀發酵
蔚為妳思維的海上一波波
千層浪濤千堆雪

一九八八、一一、九　　寫于台北

武嶺絲路及其他

——東台灣之旅拾穗

當微雨過後
我帶著日月潭的曙光
自霧社攀緣而上
橫跨中央山脈三千二百公尺
武嶺高峰
但見雲樹疊影
蔚成一條朦朧絲路

大雪山的黎明

晨曦以紅絲巾
潑灑幻影
巉巖古柏從雲堆裡

抖落枝頭積雪
玩皮的風到處騷動
掀起了滿山坳的蟬聲如潮湧
煮沸天之外
那微醺著的彩霞
玉屏飛煙

太魯閣九曲蟠龍

越天祥臨空而降
直入眼底的
就是那被歎為觀止
世界級的觀光景點之九曲蟠龍
而燕子口的萬丈懸崖
雄渾孤絕也只是這畫幅中
烘托渲染的背影

花東半島親不知子懸崖

四百年前
這懸於海上的孤峰
曾有親不知子
從背後跌落斷崖的故事
雖然這遺憾
早已隨奔濤遠去
但那朵永不凋謝的慈暉
仍在暗自濺淚

秀姑巒溪泛舟

從兩岸青山
拱抱的長虹橋下
淌淌然的溪流向大海奔騰著
試圖導引

全天下弄潮人
都能來此分享這翻滾
刺激與
驚恐的快感

一九八八、一二、八　寫于台北

餘悸

還像昨日一樣
來這島上
悠悠地流逝了豪情流逝了夢
然而卻流逝不了
在漂泊中的那次劫難
留下的餘悸

濕溟溟的黃昏
正在滴血
霧一般的暮靄瞬即
淹沒了京華
秋郊的荒涼原野
一艘緊靠在江岸的運兵船

似在傾斜
黑壓壓的人影
突隨一陣槍聲倒臥在
如注血泊裡

夜猶如蒙之以
烏布萬丈
淒白的月色照著
哽咽的溪流
我摸一摸仍在跳動的心口
竟能勇敢地從
那堆死亡的屍體中
爬了起來

於是帶著驚恐
穿過了一片林之海
呼嘯的山風

像是野狼的嘶嗥
陰森得比死寂的鬼域
還要可怕

之後越過一座山
卻癱瘓下來
讓凝眸飛向天邊水湄
等待晨曦
燃亮黎明燈火

一九八九、五、十九

寫於台北

探親悔時晚

在跨海返鄉的
夢幻途中
踏一路堆滿溫馨與
赤石的泥土
卻被金秋的烈陽
蒸得似有些窒息的急迫感
而且在懊惱著
讓一位長者等不及
與我相見
乃悵然而逝

歸來匆匆
也只是和家人相聚

吃頓團圓飯
匆匆地又再別離
又再走向茫茫天涯路
道聲珍重
擔回一肩鄉愁

一九八九、七、一八　寫於台北

泥土，一個偉大的博愛者

亙古以來一直存在著的
物化的傾向已嚴重的撕破了
心靈世界的寧靜
然而只有您這個佛陀
是惟一以仁與予普渡眾生的博愛者
所以您能以無我而成為
宇宙生命的本體，一個最最
偉大的母親之母親

不知何處是起點
您生於雲夢
經由氣體、液體到固體
形成的過程中

塑造一無極塵寰而無所
不在 就連那遙不及的天之邊陲
或沒有一滴甘泉
駱鈴搖響的碎金沙漠

於是您一手擎起
天下的群山
一手托著江海河漢
終年默默地徜徉於滾滾紅塵外
守候著日出日落
把愛潑灑在大地之上
讓所有生命的手臂都在為
江上彩虹揮舞

儘管偶爾會有人
對您投以無情的冷眼
乃至於唾棄

但他卻無法離開您
不食人間煙火
寄身於那超自然的虛無世界
只有您才是
人類真正的搖籃

但有時爆發的山洪
將您從風雨中拋向大海
您卻毫無怨尤的
自水底的最低層逐步
以填土累積的方程式不斷向上昇高
然後乃輕輕地撥開水面
露出頭角　終於完成了一項
偉大的填海工程

這不是東方夜譚
而是一種潛在的自然力量

那不爭的無為哲學
乃道之最高境界，而您以
消極取勝之術用來轉變人們對您的漠視
所以我曾為您吹噓過
就連老子那套以柔克剛的自然論
還是跟您學習的呢

當人類歷史的軌跡
從洪荒時代揭開了序幕
自您的身上輾過
帶來了多樣化的色彩
不知有多少民族英雄為您所孕育
多少暴戾獨夫
在您的面前一個個
相繼的倒下

啊泥土 我要喊著您的名字

向您致以最高的敬意
更要為您而歌　為您而寫
為您明天的完美創作而期待　而祈禱
繼續貢獻出您的一切吧
好讓全人類的生活得到均足
宇宙的生命能夠繼起
延續，直到永遠、永遠：：

一九八九、九、二八　寫於台北

歷史版圖

一轉身
便把韶光跌碎在
滾滾煙塵裡
如今我要在這唱著美麗
悲歌的孤島上
縱情於澄藍的碧落
看風雲如何
讓這葉飄搖著的
歷史版圖
踏向微雨歸程

一九八九、一一、六　寫于台北

夢的旁白者

夢之幻是多彩的
多彩的人生
綻放於博愛枝頭的花朵
是夢底鏗鏘的詩句
人之所以為人所以異於禽獸者
乃在於他能接受
自然法的指引以之而
成為創造文明之惟一具有
思維邏輯
與理性的一群

然而每當我看到
真理被踩在腳下踐踏

是非黑白易位
美麗之島向下沉淪
我就想代表上蒼重重擊出那
憤怒的一拳
以打破漫天雲霧
不願讓海上那燦爛旭日
被埋葬在
貪婪的夢魘裡

歷史就是這樣
寫出來的
人生只不過是一場
連續演出的夢
面對這繁華墮落的齷齪
將不知如何
才能激發後現代

生命的種子在早春那
微笑的
陽光下破土

驀然有一道彩霞
自遠古的源頭劃過長空
飄落夢中那堵
繪有花鳥的粉牆上
似真而若幻
彷佛時光曾在此逗留過
我還依稀聽到
在一陣蹄聲翻滾後
一匹紅鬃馬
正邁向天際奔騰

一九八九、一二、五　寫于台北

這裡的夜不再美

——茵夢湖之戀

種植在湖上的夢
已隨風而逝
使這裡的夜不再美
咖啡不再香醇

那曾經擁有過的
綺麗溫婉與
浪漫過的虛幻憧憬就交給
時間慢慢去咀嚼吧

可我今夜來此
雖亦面對金樽而狂飲

卻益加孤寂
澆不熄滿懷情愁

但這時我忽的
放飛凝眸從星空鑿一方
回憶的窗口
讓思念摺疊珍藏

一九八九、一二、九　寫于台北

頑石

以天生的硬骨頭
蟄伏於岩穴
修得的冥頑嘯傲紅塵
闖蕩於江湖道
那些自以為可使其點頭的
無非是寫在
他們嘴上的一句
術語而已

一九九０、二、五　寫于台北

放逐

那翻騰的浪花
是飄搖於藍空的雲
因無處駐足
而被放逐在風裡

於是它一揮灑
便交錯成不確定性
連串的夢幻
流浪到天之邊陲

越過千山萬水
卻飲不盡心中惆悵
凡是停泊處

未曾留下了履痕
然而我以一個
吉卜賽的浪者終於
聽見了斜陽
發出最後的嘆息

一九九０、三、九、　寫于台北

太湖三月

群山含笑
萬壑流泉
啊一個好大的月亮
幻為世外桃源

渡之以方舟
賦之以煙景
登鳳凰臺曠觀波光瀲灩
坐中山色四圍青

長橋臥波
未雲何龍
朦朧間若兩岸凌空握手

.131.

卻蔚為天邊彩虹

雲靜山凝翠
風高浪潑濤
那幅懸於天際的蒼勁山水
想必是伯虎揮毫

如斯樂土
可謂洞天
面對這透澈的明鏡觀照
不用拈花也成仙

從東山之陽
到西山之陰
踏一路桃紅柳綠的錦繡
江南春色故鄉情

後記：利用春假空檔，偕內子楊惠人，暨諸友好等一行十餘人結伴暢遊蘇杭，飽覽江南春色，可謂美不勝收；尤以太湖之旅，但見處處風光旖麗，渾然天成，大有如入世外桃源之概。於是乃成斯作，以記其勝。

一九九０、四、六　寫于蘇州

蘭之島嶼

經常自煙波處聽到你的歌聲
飄搖在西畫的水彩與中國卷軸之間
像一灘剛燃亮的篝火
烘托出你那暗紅般的笑靨而以
睇樣的眼睛向遠方張望著

是最初也是最後一座浮雕
點綴著雅美族的優美
或達悟族的禪定之覺悟與豁達的襟懷
透過北回歸線的赤道海水與
疊石岩層孕育的這蘭之島嶼之都
我不太喜愛以抽象模擬風景

你也並非一加一等於二以數學公式表白
而是來自東亞大陸的語言和形象
以及泥土、峭壁還有樹和血液與臉譜
構成福馬林汪洋中的獨釣之舟

可沒想到在一個未作安排的午后
驀然跟一批學者們凌空而降
終於見到了你以赤裸的身軀頸上掛著
一串僅有的彩色蚌殼珠形項鍊
導引我們走向那樁杵搗出的海之疆

如今雖是處於文明時代
你卻沒忘記老祖宗傳下來的捕漁之歌
而且只有你能在這南中國的
海上充滿著荒涼與貧窮的世界裡
留下了人類的一片處女地

所以你這蝴蝶蘭的故鄉
不管此際周遭的海水是否澄藍
然而只要你能夠輕輕唱出
你那首操舟捕漁的歌謠便會把你
送到心海最原始的淵泉深處

一九九0、五、二六　寫于台北

唐人街

美國之旅別忘了
走一趟紐約的唐人街
（有人如是說）
因為那港埠是專為停泊
中國人鄉音而打造

他們來此拓荒
像一株株
不用泥土即能生根的冬梅
從凜冽的寒風中
飲徹骨冰雪益加堅韌
把春天的喜悅
傳達給祖國的鄉親

而且他們都是收藏家
以孤帆遠渡重洋
海乃是他們心中要開闢的絲路
故鄉的月也就
成了惟一仰望的磁場
於是搬來了
殷墟仰詔玄黃釉彩
還有老祖宗傳來的吃的藝術
雖然也曾鬧過貧窮
典當掉所有隨身的細軟
但只有二件古董
再多錢都不能拍賣的
那就是中國人賴以生存的
勤與儉傳家之寶

一九九０、一一、六　寫于美國

異國楓紅

從遠天的影搖處
轟然的楓火
在美利堅的莽野燃燒
嬌燄隨風波動
煽得秋江上的落霞
醉臥邊城

是誰把這酡顏
自林之梢
剪貼於少女的兩頰
微雨中卻有
虹飛來與之擁吻
當我從這裡驀然看到她

就像看到故國
這時的棲霞山麓那
飄拂著紅於
二月花的楓之海

於是駐足於斯
放飛凝眸
啊啊 但見她輕輕一揮灑
滿谷的彩蝶
全都在聯翩飛舞

然而就在這
聯翩的飛舞中卻也寫下了
火非火
花非花
蝶亦非蝶的這瞬間
不朽的永恆

後記：一九九0年十一月間、偕 內子在赴美旅遊的行程中，道經馬里蘭州（Maryland），從友人的一棟林間休閒別墅窗口，忽見楓紅遍野，不禁又勾起了我那怎麼也卸不下的一肩沉重鄉愁，於是乃成斯作。

一九九0、一一、九　寫于美國

雪泥煙波

後期的作品

創作的時間

卷之四

一九九一——一九九三

陽明花季

櫻花以蕊芒點火
燃燒著陽明山三月情懷
從枝頭春意鬧
看奇之華迎賓爭寵

天空是那麼藍
相對於草原上的雲之白
瀚海的碧綠
好一幅潑墨山水

而我只為了這
一年一度的附庸風雅之旅
擠在人潮中浪蕩

卻不見心底那朵酡顏
當意興漸次闌珊
夕陽自西山塗上一層釉彩
讓所有賞花人
能抓一把炫麗歸去

一九九一、三、二　寫於台北

無奈與迷思

是隱逸的反射
抑或烏托邦之再版
可這時在我
心靈深處激盪的漩流裡
卻注滿一片迷思
天空既見不到
彩雲疊景
而海上則又不時捲起
一波波
拍岸的驚濤
從不確定的危機感

到迷失於文明的墮落
使這美麗之島
成了白沙在涅被塗上污濁塵霾
相煎翻臉如翻書
連天邊的星子們都感到
錯愕與阢隉

明天您在哪裡
為什麼還不打開天關
讓人文拼圖
及早回歸於原點

一九九一、五、一七　寫於台北

珍妃井

不敢想像
清宮這井的深度
溺人於死後
她只有獨對蒼天啜泣
於是也就成了
御花園的一頁秘史

如今這地之穴
忽的了悟
且每以月光邀來一堆
舊識的星子
暗自相聚於她的
圓形宮闕

當一個詩人
好奇的
從井欄向下俯視那一瞬
赫然發現薄命的珍妃仍在水底哽咽
驟間又陷入
一團如霧的迷思

一九九一、七、一六　寫於北京

夢與離愁

半世紀天涯漂泊
像是一場夢
終於在金秋燃紅了的楓火中
驀然走回從前

放眼處
那已成廢墟的
龍興古剎
荒蕪了的明之陵園　還有
抬頭看不到天空的花舖廊大街巷弄
這時全都在
夕陽下抽搐喊痛

於是我抖落了
一身風沙
獨登樓而聽更漏
細心的詮釋著每一片落葉
所發出的喟嘆
也拂去我滿懷離愁

一九九一、九、一九　寫于安徽鳳陽

當煙嵐湮沒了凝眸

我曾為一汪檸檬黃的波光
吸引著立成池邊樹　為一顆孤懸太虛
越億萬年的無言之星子
堅忍寂寞之昂然的毅力而仰止

但當阿里山的煙嵐
湮沒了凝眸湮沒我心靈深處
從未探索過的那條通向
夢之石徑時　這夢嘎然跌為碎片

可是在日落之前的窗外
在所有的滴血之反照的陰影以及
失望或死亡的呼喚中

仍有一對鷺鷥在湖上漂泊
就此讓塵俗的羈絆
隨簷前疏落有致的淅瀝雨聲
流入竹籬外芭蕉林的
翠綠　流入那蕩漾著恬靜的漣漪裡

煩躁、緊張與
壓力的日子　再見吧
那紅著臉的太陽
照樣自東方的雲水間昇起

一九九一、一〇、二五　　寫于台北

種夢於空濛

萬壑齊鳴　留不住
半山日落
一襲霧煞煞美麗的夢幻　卻唱了
四百年的悲歌

啊　長夜何其如斯漫漫……

從一個陰暗
漆黑若古井的地下室
猛力舉起自己
攀沿而上　忽發現天空那朵雲
依然飄著夜的淒迷

儘管朦朧的熹微
已在白楊的枝頭閃爍

此時寒星已落
冰河潺潺
可是卻從沒有人想過
為什麼以如斯——
自虐與不悟而又無怨與無悔的
死抱著歷史的傷痕
哭泣……

這不是雨在窗外
密密麻麻的落著　遮住望眼
而是將一束亮麗鮮花
吊在牆上垂著
　　等待凋零

如斯漠視自我的存在
又怎能對拂曉揭開低垂的帷幕
揮灑出一片
屬於春之版圖的
繽紛世界

荷蘭人早就被趕走
日本軍國主義的夢
也飄落在太平洋上那洶湧
滾動的濤聲裡

該笑的並沒笑
背後卻有人以冷凍過的潮汐
　　嗤嗤自齒縫擠出

於是雲對海說

若把這島
羽化成東方的威尼斯
門前可持竿垂釣
更可看天際那款款的帆影
秀出她搖曳的丰姿

啊　那悠悠的淡水河
那巍峨的阿里山
還有那數不清而且超脫塵俗的寺院
風來時　聽檐角下的鐵馬
鏗鏗然響著叮噹
敲醒化外的紅塵滾滾
蔚為詩的金句

向那隱隱的青山笑吧
向那藍藍的長空敞開胸襟吧
莫再與魔鬼共舞

莫再將你那份期許囚禁在危崖之上
張望　彳亍
　徘徊
徒以浪漫的虛幻種夢於空濛
豈非打著傘依然要淋雨

一九九一、一二、一九　寫于台北

幽靈

像一襲怎麼也揮不去的陰影
飄浮在阿里山的雲海裡
有時鼓動翅膀掀起了漫天狂潮
讓人有一種被吞沒的感覺

詭異的風乃乘勢縱身於
茫茫若莽野的天際
隨著那輪悲壯落日一頭撞進峽谷噴泉
驟使凝眸濺起了一片嘩然

而夜以一隻毛茸茸的手
塗黑都會水泥叢林
掩飾著一群無以名狀的鬼魅

暗中鬧出不少的醜聞

只有天心那顆孤憤星淚
為祛除這島的魔難
卻不惜以粉身碎骨也要獻出它
最後那滴不朽的殘芒

一九九二、二、二七　寫于台北

賭局

何必拖拖拉拉
乾脆就玩一場豪賭吧
且放手一搏
好讓上帝也瘋狂

即令全盤皆黑
典當了老祖宗所有遺產
情操或風骨
乃至自己的生命

剩下的就把它
堆在這島上等待風乾

等待從夢中
蔚為歷史的烙印吧

天總是會亮的
過了今夜
明朝將有盞大紅燈籠
掛在您凝眸窗口

一九九二、五、一九　寫于台北

浮橋煙鎖

去國越半世紀
相見若夢
但那片飄忽的朦朧幻影
卻依然盪漾在
怎麼也割捨不了的
濃濃回憶裡

如今橋已隨波而逝
煙柳亦無波
只有那群大難不死的秋蟬
仍在枝頭高歌
就在這不遠處

有《濠梁觀魚》另一
落寞景點
當年莊周在此
以「浪裡的白條，悠遊自得」
與惠子一席
有趣犀利的對話
猶飄搖在
那滾動的河上

（有人說，古蹟
猶如陳年老窖的酒
久別的戀人
終於釀成了醇醪）

而此一勝景
雖已走入了歷史
它依舊像昨夜的星辰

閃爍在
這寂寞廊道

後記：《浮橋煙鎖》，係皖鳳的八景之一，亦為明太祖朱元璋稱帝後所欽定。因為他生於斯，長於斯，曾有意建都於斯。如今橋斷了，盛況亦不再。作者於返鄉掃墓時，目睹此種落寞景象，不無唏噓！於是乃成斯作。

一九九二、七、二九　寫于台北

島國之秋

風　在海上嘶吼著
森林像一群怪獸的騷動
雨　在窗外傾瀉著
黑夜若一頭死貓的謎團
夢魘　揮之不去
悲歌　懸於天際飄搖
是福爾摩莎病了嗎
抑或免疫系統出現了狀況
要不就是那栽在

秋江上的橄欖已枯萎

可怕的　是真理被關進
謊言牢籠哭泣　淚湮沒了明天

於是　這島國乃成了
漂泊的霜葉　在西風中旋轉

就隨那朵雲自由的翱翔吧
莫在這設有藩籬的花園裡踟躕

一九九二、九、一六　寫於台北

火之歌

現實社會的寡情
幾已冷酷到如入夢魘的可怖
上帝何不燃起
這冬天裡的一把火

讓世人在火中省思
齊唱火之歌
因為火是光與熱的化身
自古以來即已
自大地之母的核心
把混沌沉潛的岩漿憤然噴出
而化為熊熊烈焰

就這樣
不知創造了
多少不朽與生命的光華
於是乃有——
　絲絲的螢火
　點點的漁火
　隱隱的靈火
　閃閃的星火

或五月的榴火
九秋的楓火
如果是廟堂的那裊裊香火
它更能給予人們
　以寧靜
　以遐思
　以幽冥
　以禪定

倘若世人皆能
燃燒自己
將使這美麗之島
會更美

一九九二、一〇、八　寫于台北

虹與那朵微笑

秋之五后　雨神自西山
飛濛的森林裡　抓一把楓紅拋向
東方　且以指作筆
在雲邊劃弧　勾勒一座橋
一座彩繪著繽紛的懸於藍空的橋
導引滾滾長江東逝水
浪花淘盡英雄　數沸騰掌聲
　起起……
　落落……
於是乃把這憧憬的疊影
潑灑在地球斜坡上流成一組浪漫詩句

伴隨著七色折射而當作熹微吟哦
所以山的額頭之層巒間
此際都綴滿了視網膜的彩霞

而夕照雖已隱退
它卻停留在峽谷中仰望
等待星空燃亮燈火
不使夜立刻垂下來陷入失落的孤寂

有人說瞬間的擁有
乃是永恆的美
但她能否給那追逐者
以遐思　朽或不朽　就讓那朵昏黃
殘餘的微笑　去咀嚼吧

一九九二、一二、五　寫於台北

咖啡室繽紛錄

皺起眉頭啜一口
文明的刺激
品嚐著這帶有那麼一點點
甜卻苦的醇醪
不也是一種享受嗎

當水晶燈的光譜
灑下千百條
絲絲若煙雨的森林
我已經坐在那靠近窗口的位子上
看眼前滿堂花醉
讓往事自一汪冷凍過的
咖啡杯底浮起

於是我抿著嘴乃把這些
剩餘殘渣一飲而盡
忽又瞥見那已被塵封了的靈感
自迷離的光波中
像彩蝶般的蹁躚疊景

因為這裡的夜很美
使我有些微醺
帶著孤寂帶著夢幻走訪了
表現新潮的《海之宴》
與富有神秘色彩的《夢幻谷》
以及保持悠閒　寧靜宛若新寡的《菲莉》
還有遠在碧潭之濱
揉和著古典美的《奧瑪》
從這裡我曾拾起
有寫不完的成串詩句

而且都是
夢與醉的迷思

在我每次與黃昏有約
踏著靜悄走近來
聽到低沉而又鏗鏘的音樂
看見綻放在每一張
不同臉譜上會心的微笑
恍若山澗溪流帶著春二三月的笙歌
一路吟唱著而來
這時我才了解什麼是
生活的藝術
什麼叫情調的美

偶爾我也曾撥開了
窗扉放飛凝眸
把星空看作湖上漁火

案頭洋臘在燃燒
玫瑰花瓣似的繽紛歲月
不覺春風滿面
潑灑出一個妖嬈的
彩色世界

之後　且以多樣的風采
誘人的浪漫　作為
點綴人類心靈活動的一種
新形式的陶醉
讓那些手攜著手的
臂挽著臂的情侶們向這裡走來
復從這裡走去　不停地
在編寫一部永遠也寫不完的
《大輪迴》的故事

一九九三、二、一九　寫于台北

僵化了的思維邏輯

在這島上為什麼
有那麼多舌頭在嚼荒誕
甚至把嚼爛的風骨
說成一種箝制思想自由與
灰色隱形的壓抑魔咒

許是這兒的藍天不再藍
阿里山的神木枯了
無怪冷血太陽繁衍的憧憬
逐漸被吊在
哭泣的窗口風乾

尤其錯綜的藤蔓

與多刺的玫瑰組合的語言
比午夜吊詭的琴韻
或閃爍於荒塚喧鬧的飄忽靈火
還要撲朔迷離

於是麻木的思維
僵化為形式邏輯的冷漠
使兌不了現的期待
如今仍在時間副詞上擺盪著
顯得有些焦慮　徬徨

此一象徵無異於
一株植於深淵的向日葵
不管它的光環朝向
何處移動（向左或向右）都
轉不出那渦陰森黑潮

當一隻好奇的烏鴉
偷窺一個盲者在一棟黑屋中
去尋找一頭走失的黑貓
看見的卻只是一幢幢搖曳魅影
與晃動著的晦暗朦朧

一九九三、三、九　寫於台北

金澄湖畔

在這兒
可以看朝露自柳絲滴翠
看晚霞在漣漪中點金　當月滿西樓
視窗的景色卻更美

在這兒
可以種花以自娛種夢於
空靈　釀成一湖香醇辛辣的金澄酒
那麼就醉吧酩酊吧

在這兒
可以沐煙雨泛舟以垂釣
釣千江月　釣萬古愁　面向紅塵外

莫再問人世的滄桑

在這兒
還可以擁抱那萬頃波濤
一襟無愧　而享有一種恬靜的豁達
與渾然忘我的境界

後記：金澄湖，是江蘇吳縣的名勝之一，位於上海與蘇州之間。
其自然景觀，堪稱人間樂土，世外桃源。若築巢於斯，
可以享有人間天堂之實。

一九九三、四、一二　　寫于蘇州

台灣的奇蹟

這美麗之島
曾以此自豪過風光過
卻也以此
忘掉了他是誰
（甚至忘掉了他的名字）
於是曾有人
連續開出了一百三十張
空頭支票
但未就此倒下
該也是一項奇蹟吧

（在這島上）

儘管海疆
那覆蓋著的塵霾
已逐漸散去
但當昏沉落日爛成發酵的蘋果
所謂奇蹟亦將
從煙雨中幻為泡沫

而此刻
海上有月湧起
風已靜止
別再忘掉了回家的路

一九九三、五、二0　寫于台北

螢火蟲

夏夜的染缸裡
有一群玩火的蟲兒
怕夢被窒息
只好燃向紅塵外

於是蛙在鼓興
蟬在飆歌而牠卻以
閃爍之音符
譜出了一條絲路

就這樣乃常常
隨風漂泊遊走荒野
忽明而忽滅

與幽靈劃成等號

但有時為尋歡
求偶也曾誤入藩籬
空留下幾縷
若星淚的相思雨

接著有月湧起
移來一簾潑墨花影
瞬即淹沒了
牠那抹隱約殘茫

一九九三、六、二四　寫于台北

雪泥煙波

——一個夢幻者的孤航札記

蕭蕭半世紀
這場雪
終於漂白了滿山
黑色莽林
卻漂不白鄉音
漂不白我那粒滾動於驚濤
追逐著日影的夢

無怪如斯冷
今夜的月色如雪
但當那朵
貪婪的陰霾霸佔了整個夜空

我總想摘幾顆
閃亮的星星移植在
窗外花叢裡
模擬昨夜夢中的
螢火迷思

正因為有夢
才敢於冒著烽火
自彈片滴落若星雨的地帶走出來
而且於朦朧中
彈跳似的躍然凌霄
羽化成雲
畫一個屬於藍天的海
　一個閃爍著金蘋果紅的黎明
　一個浪蕩子
　一個駕一葉扁舟
　　航向於天之涯的

夢幻者

就這樣，我於
一九四八年的一個雪夜
自故國的石頭城
抓了一把冰冷的泥土
鼓起夢帆飄過了「萬徑人蹤滅」
飄到了這南中國的
海上一個小小島嶼的部落
大概這就是
夢中的桃花源吧

在這裡
我一閉上眼睛
便會聽到
那沸騰的濤聲的澎湃
從我心海中

捧起了一朵血蓮

啊這畫面好美
彷彿是以
愛的筆觸塗去了
所有因戰爭帶來的恐怖
與死亡的陰影
之後，而又能擁有
這如夢的樂土
藍透了的海的大草原
還有那雲和樹和山之間的另一系列
像是紅寶石燃燒的楓火
　　綠翡翠流動的清泉以及
　　紫貝殼與白雲母，輝映著那
　　藍緞子般的
　　藍藍藍藍的海岸

從此夢隨雲湧
把關山月懸為詩心
有時雖也曾
撲動著羽翼凌風馳騁
然而，卻又像被抽離生命的花朵
夕照下的點點孤鴻
紛紛自煙嵐中搖落在那
茫茫的天際裡
往者已矣
只剩下滿懷惆悵
惟有待從頭
重讀昨日已褪了色的過往雲煙
才能夠咀嚼出
那寂寞落日的愴然
回首來時路

莫談沿途有多少掌聲
如把搏起的浪花
串起來可飄成一束白髮三千丈
滾滾江河萬里
於今只想抽刀斷水
看兩岸青山在雲中握手
好架一座
可直航的虹橋

儘管船過了無痕
我仍願在這
南中國海的藍天上
讓那朵鼓著夢帆的白雲翅膀
悠遊於紅塵外
潑灑雪樣的月光飄向
微雨歸程

一九九三、一二、二五　寫於台北

附錄一

極具巧思的實驗詩

—讀潘 皓教授的《戀情》

一信

假如有一首詩，前兩句是古典詩詩語言，接下兩句卻是新詩詩語言，再接下來又是古典詩詩語言，再……如此不斷轉換寫下來，那會寫成怎樣的一首詩呢？

請看，資深詩人潘皓教授發表於乾坤詩刊第十一期的《戀情》，就是這樣的一首實驗性的詩，全詩如左：

風弄花影瘦
月吻柳絲柔
啊你那顆跳動的心喲

可別隨蓮塘蛙鼓顫抖

你愛看朝露滴翠
我醉飲夕陽酩酊

但每當覽盡滿街霓虹喧鬧
卻驀然幻為一團火焰飛騰

花影柳絲依舊
朝露夕陽如初

在這島國花園裡
怎能有你沒有我

開始的兩句詩，不禁使人聯想到傳誦數百年之宋人朱淑真《山查子》詞中的「月上柳梢頭，人約黃昏後」的佳句。詩人也在此用古典詩的詩語言，以景喻時表達出了「黃昏後時分」。

接著第二段以新詩的白描手法，寫出了初赴男友約會少女之又興奮又害怕的心情，並以「蓮塘蛙鼓顫抖」作描繪。

第三段中，以古典詩詩語言「您愛看朝露滴翠」及「我醉飲夕陽酩酊」，表達了兩情相悅而共同陶醉在這有情的風光中。

第四段，再以新詩詩語言表現出了一對情侶在「覽盡滿街霓虹喧鬧」的深宵，情感已「驀然幻為一團火焰飛騰」，至於這火焰如何飛騰？則留給讀者自行運用想像力去描繪了。

第五段，作者驟然轉回，以古典詩詩語言之「花影柳絲依舊/朝露夕陽如初」再回到起點呼應第一段，回味這一序列過程；並於第六段中，以新詩詩語言之「怎能有你沒有我」作喜劇性的圓滿結束。

這首詩的經營是頗具巧思的，整首詩在古典及新詩詩語言與情景交互、交融運用中發展，流暢而自然。將初夜時分，少女帶著忐忑不安而又興奮的心情，初赴男友約會，至發展到兩情相悅，而至情愛如火如荼，終以契愛相許結尾，進行得絲絲入扣，無懈可擊。若非作者文學根基深厚，行文譴詞運用自如，且嫻熟新舊文學，豈能創作出如此具有實驗性的好詩。倘若作者能在新詩詩語言中，用更多較新穎之意象語言與創新意象之表達技巧，當必更為成功了。

一九九九、一〇　于台北

附錄二

打著傘淋雨

——讀潘 皓教授的《種夢於空濛》

麥穗

有四十多年詩齡的潘皓教授，在四十年代的台灣詩壇，已相當有知名度。民國四十四年（一九五五）十月，他在台灣的第一本詩集《微沁著汗的太陽》出版。那時候他的詩風是明朗中帶著唯美的抒情走向，雖然集子中有部分是屬於「戰鬥」的，但這些時代意識濃厚的戰鬥詩，並未遠離他一貫主張的「一首好詩，要有意境，有生命，更要有詩的情調與詩的韻味」，所以雖然是剛性的，戰鬥的，但仍然迸發著美的火花，並非一般的口號詩。

潘皓教授是一位教育學者，也是一位社會學家，有一段時間為潛研學術著作，而暫擱詩筆。近年來除仍執教鞭外，又有詩作在報刊出現，然而他的詩風卻有了極大的改變，詩中已少見唯美空靈的感性訴求，大多數是關懷社會動向的理性之作，如發表於《乾坤》詩刊第二期的《歷史的長河》、第三期的《舞台》、第四期的《夾層屋》的迷思、第五期的《種夢於空濛》等。這些詩篇潘皓教授都以諷示的筆觸來探討嚴肅的主題，他之所以用這種手法，主要的就如他早年所說「詩如何能引起大眾的『共鳴』，這便是詩人的任務了」。因為他將寫詩視作一種「任務」，而「任務」的目的，是引起大眾的「共鳴」。因此他的詩主題雖然嚴肅，表現手法卻是忠於詩的。資深名詩人王幻兄在評介他的《夾層屋的迷思》時，說他的詩是「一路揚波而下，所到之處總有一番內心世界的描述」，並以「真實中寓有虛幻，虛幻裡又似真實，聯想串連繽紛的筆花，點綴著夢的迷思。」譽之為「好詩不厭百回讀」，筆者在欣賞另一首《種夢於空濛》同感。

《種夢於空濛》是潘皓教授的後期作品，發表於《乾坤》詩刊第五期（一九九八年春季號），詩另有副題「豈非打著傘依然要淋雨」。這是一首尖銳而嚴厲的批判性的詩篇，也是一般所稱的「諷世詩」。

夢原屬於虛幻的，不著邊際的幻想、幻覺，如一般常用的嘲笑，根本不可能實現，達不到目的計畫、理想、追求等，稱之為「做夢」。而將夢「種」於空濛，則是表示完全絕望，因為「做夢」雖然是件遙不可及的幻想，但還是有許多人會痴痴地期待，期待所謂的「美夢成真」。然而夢被種植在不能著根，不能立足的「空濛」中，連「期待」都幻滅了，不是絕望是什麼？詩的主題已非常明確了。

這首長達六十行的《種夢於空濛》，是一首充滿悲情、無奈，意含諷世的作品，一開始作者以雷霆萬鈞的「萬壑齊鳴」拉開序幕，接著來了個直轉急下，以「留不住/半山落日」將詩帶入「四百年的悲歌」中。幾年前有人在選舉時提出「四百年來第一戰」的宣傳口號，將台灣歷史推演自荷蘭人佔領起始，演變到由鄭成功一直到日本戰敗，台灣光復，四百年被「外來政權統治」的悲情。因此僅僅只有一行的第二節詩中，有「阿　長夜何其如斯漫漫……」的驚嘆，因為有人要「出頭天」，甚至要終結過去，「另起爐灶」，而抬出歷史的傷痕，大炒「二二八」的陳年爛賬。用悲情來激起群眾仇恨，以達到其政治目的。針對這些為達目的不擇手段的政客，潘教授不忍用嚴厲的詩句以責之，而適用溫和得卻能一刀深入心腑的語言，來諷其愚蠢，詩曰：

這不是雨在窗外
密密麻麻的落著　遮住望眼
而是將一束亮麗鮮花
吊在牆上垂著
**　等待凋零**

今天的台灣民生樂利，經濟繁榮，就像一束令人羨慕的亮麗鮮花，雖然在我們的周邊仍有此歷史留下來的認知和爭執，但是這些風風雨雨，並非遮住我們望眼的亂源，而是有人以什麼「國家定位」，「族群情結」，將這束亮麗的鮮花，吊在牆上等待其凋零，而不供以水份保持其鮮麗。難怪作者要大歎：

如斯漠視自我存在
又怎能對拂曉揭開低垂的帷幕
揮灑出一片
屬於春之版圖的
繽紛世界

在五十二年前，台灣已經走出夜的陰暗，對著拂曉的低垂的帷幕，原可揮灑出一片屬於春的版圖，「荷蘭人早就被趕走/日本軍國主義的夢/也飄落在太平洋上那洶湧/滾動的濤聲裡」。這是該揭起帷幕，迎接春之版圖的時候，是該笑的時候，但詩人說：

該笑的沒笑
背後　卻有人以冷凍過的潮汐
　　嗤嗤自齒縫擠出

潘皓教授一向認為，寫新詩不能忽視「用最富於詩意的辭藻來表達心境」，在這三句詩中，雖然在嚴肅的主題下，卻依然以極富創意的意象「冷凍過的潮汐／嗤嗤自齒縫擠出」來突顯，令人激賞。在這首六十行詩中，有許多意象豐富，意境深邃的句子。

許多人將光復後來台的新住民，歸類於暫居的過客，是一群不關心台灣前途者，這是不確實的，大多數五十年前移居台灣的新住民，都已將台灣當作故鄉。以兩岸開放之後，回大陸定居的人數可以證之，所以無論早來遲來，愛台灣關心台灣是一樣的，也是不容置疑的，潘皓教授是光復後來台的新住民，在這首詩裡面其愛台灣、關懷台灣的情懷已表露無遺，於是他用詩呼籲，希望那些為達到目的而不擇手段，製造對立的政客們：

向那隱隱的青山笑吧
向那藍藍的長空敞開胸襟吧
莫再與魔鬼共舞
莫再將你那份期許囚禁在危崖之上
張望　亍亍
徘徊

最後，潘皓教授以最有力的二句詩，點出整首詩的主題，亦是最有力的結尾。

徒以浪漫的虛幻種夢於空濛
豈非打著傘依然要淋雨

在民主體制下，一切以民意為依歸，因此選民就是國家的老闆，也就是「頭家」。這些年來台灣從基層的里長選到最高當局的總統，的確使手上握著選票的小老百姓，差點沒有樂昏了頭。因而，詩人特別擔憂，擔憂「頭家」這個虛幻的頭銜「種夢於空濛」。這就是詩人用副題強調的「豈非打著傘依然要淋雨」。「傘」是保護工具，是用來隔絕雨水的。而「打著傘依然要淋雨」，這就是說傘已經失去了保護功能，無法阻擋侵犯的雨水。這裡的「傘」亦即前句中的「種夢於空濛」的虛幻頭家，值得深思和警惕的。

詩歌頌的時代，已隨威權的遠離而遠離，今天的詩人，是應該憑良知創作對政治、社會亂象的批判。清袁枚說：「味甘自悅口，然甜過則令人嘔，味苦自螫口，然微苦恰耐人思」。歌功頌德的詩是「甜詩」，批判時政的作品是帶些微苦的詩，是耐人省思的詩，潘皓教授這首《種夢於空濛—豈非打著傘依然要淋雨》，是 一首「苦口婆心」的「苦詩」，雖有些螫口，然而恰是一首令人耐思的好詩。

一九九八、六、一　夜完稿於烏來

國家圖書館出版品預行編目資料

雪泥煙波 / 潘皓著. -- 初版. -- 臺北市 : 文史哲,
民 90
面 ; 公分
ISBN 957-549-399-0 (平裝)

851.486 90020597

雪泥煙波

著　者：潘　皓
出版者：文史哲出版社
http://www.lapen.com.tw
登記證字號：行政院新聞局版臺業字五三三七號
發行人：彭　正　雄
發行所：文史哲出版社
印刷者：文史哲出版社
臺北市羅斯福路一段七十二巷四號
郵政劃撥帳號：一六一八〇一七五
電話 886-2-23511028・傳真 886-2-23965656

實價新臺幣二六〇元

中華民國九十年十二月初版

ISBN 957-549-399-0